Dr. med. Hartmut Maier-Gerber

Sterben – deine Geburt ins Licht?

Die frohmachende Wahrheit für jedermann

johannis

Bibliografische Information der Deutschen Nationalbibliothek
Die Deutsche Nationalbibliothek verzeichnet diese Publikation in der Deutschen Nationalbibliografie; detaillierte bibliografische Daten sind im Internet über http://dnb.d-nb.de abrufbar.

ISBN 978-3-501-01572-8

Bestell-Nr. 77885

Umschlaggestaltung: Christine Káradi
Gesamtherstellung: St.-Johannis-Druckerei, Lahr/Schwarzwald
Printed in Germany 16602/2007

www.johannis-verlag.de

Was man über das Sterben liest

Im alltäglichen Gespräch sind Sterben und Tod keine erbaulichen Themen. Man vermeidet gerne, überhaupt davon zu sprechen, zumal die meisten Menschen nichts Genaues darüber wissen und auch nicht wissen wollen. Selbst in den Kirchen wird selten und eher aus respektvoller Distanz darüber gepredigt. Außerdem schläft man sonntags gerne länger, frühstückt gemütlich und hat sowieso keine Zeit für die Kirche.

Trifft einen Menschen früher oder später eine niederschmetternde ärztliche Diagnose, dann will er das nicht wahrhaben. Man klammert sich an unsichere Hoffnungen wie etwa eine Operation und eine angeblich rettende Chemotherapie, die vom Arzt empfohlen werden.

Es ist interessant, einmal Äußerungen großer Männer zu diesem Thema zu lesen:

Ich hörte als Student in einer Vorlesung von Professor **Dr. Sauerbruch** (1875–1951), dem berühmtesten Chirurgen der Vergangenheit, den lakonischen Satz:

> »Das einzig Sichere im Leben ist der Tod. Alles andere ist nur vorübergehende Illusion.«

Von dem Philosophen **Friedrich Nietzsche** (1844–1900) stammen die verzweifelten Worte:

> »Dieses Leben kann nur ertragen werden, indem man sich zwingt, an seine Wirklichkeiten nicht zu denken.«

Der atheistische Philosoph **Arthur Schopenhauer** (1788–1860) schrieb resignierend:

»Wenn es einen Gott gäbe, der diese Welt geschaffen hätte, so möchte ich nicht der Gott dieser Welt sein. Das Menschendasein mit all seinem Jammer würde mir das Herz zerreißen. Es wäre besser, dieses Leben wäre nie, nie gewesen.«

Dr. med. Hartmut Maier-Gerber
Sterben – deine Geburt ins Licht?

Übrigens buchstabiert Schopenhauer das Wort »Welt« wie folgt:

W – wie **Wahnsinn**
e – wie **elend**
l – wie **leiden**
t – wie **tot**

Bei **Ernst Haeckel** (Popularphilosoph 1834–1919) las ich in einem Brief an seinen Vater:

> »Das menschliche Individium mit seiner kurzen persönlichen Existenz scheint mir so entsetzlich elend, klein und wertlos, dass ich es für nichts als für die Vernichtung bestimmt halte.«

In **Wladimir Lenins** (1870–1924) Schriften als Politiker fand ich den Satz:

> »Der Tod ist ein Schacht, in den der Unrat geworfen wird.«

Karl Marx (1818–1883), der Begründer des Kommunismus, hat einmal unbewusst die Wahrheit gesagt:

> »Die Philosophen haben die Welt nur interpretiert. Es geht aber darum, die Welt zu verändern.«

Es gibt aber auch aus dem christlichen Raum Stimmen, die noch um den Durchblick ringen. Ich denke etwa an **Karl Pfleger**, der in seinem Buch »**Die christozentrische Sehnsucht**« von einem Gespräch mit einem Arzt berichtet, in dem dieser sagt:

> »Gottes Dasein scheint mir eine gute, rechte und erbauliche Sache. Aber Gottes Benehmen, seine Handlungsweise ist keine gute und rechte, sondern eine sehr unerbauliche Sache. Die Weltgeschichte, von ihrem ersten uns bekannten Anfang bis zum heutigen Tag, watet durch ein Meer von Blut und Tränen, stampft ihren Weg durch eine Nacht von Sinnlosigkeit und Grausamkeit. Das sage ich nicht nur als Mensch, der auch etwas von Geschichte kennt, sondern als Arzt, der in den Leidensweg von Mensch und Tier einen besonderen Einblick hat. Und er, dieser Gott, selber wohl geborgen im unerreichbaren Abgrund seiner Seligkeit, spielt mit der

> Schöpfung, die er aus sich herausgestellt, herausgeworfen hat, ein Spiel, das den Wissenden erstarren macht.«

Bei dem theologischen Schriftsteller **Johann Christian Hampe** las ich in seinem Buch »**Sterben ist doch ganz anders**«:

> »Es hätte guten Grund für die Christen gegeben, den Tod zu lieben, wenn er doch den Weg zum ewigen Reich Gottes eröffnet, den Christus vorangegangen ist. Aber diese Haltung der ersten Christenheit ging bald verloren. Seit Augustinus wurde Sterben als Strafe, der leibliche Tod als Folge des Sündenfalls verstanden. Aus dem Erlöser, der die Tiefe des Menschen versteht und sein Wollen erkennt, wurde der unnachsichtig strafende Herr, vor dem der Mensch in den Schutzmantel der himmlischen Maikönigin Maria und in den Arm der Fürsprache gewährenden Heiligen flüchtet. Erst Theologen des 19. Jahrhunderts, etwa Schleiermacher und Ritschel, haben nach Jahrhunderten der Schreckenspredigten über Sterben und Tod den Gedanken gewagt, dass er für

> die mit Gott Versöhnten nicht mehr den Wert der Strafe habe, sondern ein Mittel der Befreiung aus dem Irdischen sei.«

Der berühmte Arzt und Erfinder der Lokalanästhesie **Dr. med. Carl Ludwig Schleich** (1859–1922) schreibt in seinem Buch »**Vom Schattenwerk der Gedanken**« Folgendes:

> »Ohne ein Leben nach dem Sterben bleibt dieses Leben ein fantastisches Chaos, die Erde ein unbegreifliches Riesengrab und unser Geborensein ein Verbrechen, auf welches die Todesstrafe gesetzt ist. Verstanden kann das Leben nur werden im Lichte der Ewigkeit.«

Zum Schluss dieser Aufzählung noch **Martin Luthers** (1483–1546) frohmachender Satz:

> »Wer einen Christen mit dem Tode bedroht, der tut das Nämliche wie jener, der einem guten Reiter damit droht, dass er ihn auf ein Pferd setze.«

Lassen Sie mich nach diesen Äußerungen berühmter Männer über Sterben und Tod in den folgenden drei Punkten das Thema dieses Buches »**Sterben – deine Geburt ins Licht?**« erörtern:

1. Was wissen wir Ärzte des 21. Jahrhunderts vom Sterben und vom Tod?
2. Vier Worte Jesu Christi, des Herrn und Schöpfers dieser Welt, über das Sterben und den Tod.
3. Weitere Bibelstellen und die Konsequenz daraus für mich und vielleicht auch für meine Leser.

Notizen

1. Was wissen wir Ärzte des 21. Jahrhunderts vom Sterben und vom Tod?

Im Vergleich zu den vergangenen Jahrhunderten wissen wir heute eine ganze Menge über das Phänomen des Lebensendes. Wir haben die Umwelt des Sterbens medizinisch, biologisch und psychologisch systematisch erforscht, ja zu einer eigenen Wissenschaft gemacht. Seit gut zwei Jahrzehnten gibt es mehrere Lehrstühle für Sterbeforschung zunächst in amerikanischen und dann auch in europäischen Universitäten.

Wir Ärzte wissen, dass das Sterben des Leibes programmiert ist in dem Informationsspeicher jeder Zelle unseres Körpers, dem DNS-Molekül im Zellkern. Die Regenerationsraten der Zelle sind somit im genetischen Programm begrenzt. Das Ableben jedes Körpers muss also früher oder später planmäßig erfolgen.

Auch die Auflösung des Leibes, die Verwesung, ist biochemisch vorbereitet in den Programmierungen der Lysosomen im Zellinnern, welche die Zelle nach ihrem Ableben chemisch von innen auflösen. Das Sterben jeder Zelle, das jeweils nach 10 bis 100 Tagen je nach Zellart geschieht, um neuen Zellen Platz zu machen, und schließlich das Sterben des ganzen Leibes ist somit ein unentrinnbares biologisches Schicksal.

Was geschieht nun eigentlich medizinisch gesehen beim Sterben des Leibes? Wir unterscheiden zwischen dem klinischen Tod und dem biologischen Tod des Leibes. Sie erkennen bei dieser Terminologie, dass die Begriffe »Tod« und »Sterben« in der Medizin gleichbedeutend verwendet werden:

A. **Der klinische Tod**

   Er tritt ein, wenn zwei Ereignisse sich ergeben haben:

   a) **Herzstillstand**, d. h. die totale Stagnation des Kreislaufes und damit des Stofftransportes im Körper. Es entsteht die Null-Linie im EKG (Elektrokardiogramm).

b) **Atemstillstand,** d. h. totaler Ausfall der Sauerstoffaufnahme aus der Umgebungsluft und auch Unmöglichkeit der Abgabe von CO^2 an die Umgebung in der Ausatmungsluft.

Diese Ereignisse des klinischen Todes sind innerhalb einer sehr begrenzten Zeitspanne reversibel (umkehrbar) durch Reanimation (Wiederbelebung), also durch künstliche Beatmung und Herzmassage oder Defibrillierung durch starke elektrische Stromstöße.

B. **Der biologische Tod** (auch Hirntod genannt)
Normalerweise tritt er 3 bis 10 Minuten nach dem klinischen Tod ein.
Er besteht wieder aus zwei Ereignissen:

a) **Endgültige Funktionseinstellung der einzelnen Gehirnzentren**

Im EEG (Elektroenzephalogramm) stellt sich die Null-Linie ein.

b) **Chemischer Zerfall der Gehirnzellen** und der vegetativen Zentren. Damit

Ausschaltung aller wichtigen Funktionszentren des Leibes. Der endgültige Tod des Leibes ist eingetreten.

Dieses Ereignis des biologischen Todes ist eine Einbahnstraße, d. h. er ist irreversibel (unumkehrbar).

Es steht eigentlich für den aufgeschlossenen Wissenschaftler auch ohne christlichen Glauben heute fest, dass das physische, also biologische Sterben des Menschen nicht gleichzeitig ein Auslöschen seines psychischen Potenziales, also seiner Seele, bedeutet. Dem stehen schon das physikalische Gesetz von der Erhaltung der Energie und der Erste Thermodynamische Hauptsatz entgegen.

Die Forschung im Grenzgebiet des Lebens zwischen klinischem und biologischem Tod und die Forschung im Raume der Parapsychologie haben objektivierbare und reproduzierbare Phänomene zutage gefördert, die es dem wissenschaftlich denkenden Menschen unmöglich machen, zu behaupten, mit dem Sterben des Leibes würden auch alle immateriellen Potenziale, also Seele und Geist, erlöschen.

Wir müssen klar feststellen, dass der Materialismus auch in diesem Punkt wissenschaftlich überholt ist. Wer ihm immer noch anhängt, der ist nicht ausreichend informiert. Er hinkt seiner Zeit hinterher.

Aufgrund psychologischer Forschungen wissen wir Ärzte außerdem, dass jeder Mensch ein tiefes, urtümliches Bedürfnis nach Geborgenheit hat, das aus dem uterinen Ersterleben, also den Monaten im Mutterleib, herrührt. Darum beruhigen wir heute Neugeborene in den Kinderzimmern von Entbindungs- oder Kinderkliniken, indem wir durch einen Lautsprecher die mütterlichen Herztöne simulieren (vortäuschen), wie sie das Baby im Mutterleib so beruhigend monatelang ununterbrochen gehört hat.

Wir wissen weiter, dass es für den natürlichen Menschen ohne Gott keine allgemein akzeptierte Aussage über Sterben und Tod gibt und über das, was an eventueller Bedrohung danach folgt.

Die Vorstellungen unserer dem Glauben fernstehenden Patienten über das Sterben und den Tod sind alle erfüllt von dem Gefühl einer absoluten Ungeborgenheit, von einem rettungslosen Ausgeliefertsein an undefinierbare Verhältnisse und eventuell an unbekannte Mächte. Daraus entsteht eine existenzielle Angst und mitunter totale Verzweiflung, die das Denken an alles Kommende verdrängt.

Notizen

2. Vier Worte Jesu Christi, des Herrn und Schöpfers dieser Welt, über das Sterben und den Tod

Haben wir nicht seit 2000 Jahren eine klare, zeitunabhängige Antwort auf alle diese scheinbar unlösbaren Fragen? Menschen, die bereits in den vergangenen Jahrhunderten Gottes offenbarendem Wort glaubten, haben immer schon Unverständnis für die verbreiteten Todesangstphänomene gezeigt oder haben über die verstiegenen Philosophien und vermeintlich wissenschaftlichen Erkenntnisse der jeweiligen Naturforscher gelächelt.

Es ist die Bibel, die Mitteilung des Schöpfers dieses Universums, die uns Antwort gibt, wo kein noch so genialer Wissenschaftler eine wirkliche Lösung anzubieten hat. Sie alle haben nur Vermutungen, die sie meistens zu Fakten erheben. Dabei haben sie sich schon viele Male getäuscht.

Ich kenne einen sehr treffenden Spruch zu diesem Thema:

> Während der ehrliche Nichtchrist, also der Atheist, sagt: »Ich weiß nicht, woher, ich weiß nicht, wohin, mich wundert, dass ich noch fröhlich bin«, bezeugt der glaubende Christ: »Ich weiß, woher, ich weiß auch, wohin, das ist der Grund, warum ich so fröhlich bin.«

Wieso weiß nun der glaubende Christ, woher das Universum kommt, warum es heute so beschaffen ist und wohin es ihn führt? Immer wieder und ausschließlich aus Gottes Wort erkennt er die Wahrheit. In der Bibel legt sich der Höchste nämlich fest und eröffnet uns durch das Zeugnis seines Sohnes Jesus Christus seine Absicht des Hin- und Zurichtens jedes von ihm abgefallenen Teiles des Universums. Er offenbart hier auch seinen Entschluss, Schritt für Schritt das ganze Weltall durch den Christus in sein göttliches Leben zu zeugen und zu seinem Gottesleib umzugestalten. Dies geschieht aber nur durch den persönlichen Glauben seiner Geschöpfe an den Sündenerlass aufgrund von Jesu Opfertod. Wer jedoch ohne Glauben an Jesus Christus sein irdisches Leben beendet, stirbt in das Gericht seines eigenwilligen Wesens hinein.

Da jedoch im Worte Gottes klar geschrieben steht, dass der Vater unseres Herrn Jesus Christus den Glauben schenkt, wem er will, und so durch seine Gnade errettet (Epheser 2,8/Römer 9,15+16+18), könnte die Frage entstehen, was hat er mit denen vor, die er in diesem Leben nicht errettet? Errettet er sie später?

Um diese für viele Menschen verborgene Wahrheit etwas verständlicher zu machen, habe ich zunächst nur vier Worte Jesu aus dem Johannesevangelium ausgewählt, die uns in diese heilsgeschichtlichen Ziele des Höchsten hineinführen sollen. Alle folgenden Stellen aus Gottes Wort zitiere ich mit wenigen Änderungen um der Exaktheit willen aus der unrevidierten Elberfelder Bibelübersetzung. Sie ist meines Erachtens die genauste Wiedergabe des griechischen Grundtextes in alltagsverständlicher Sprache.

Johannes 5,24

Wahrlich, wahrlich, ich sage euch: Wer mein Wort hört und glaubt dem, der mich gesandt hat, der hat das ewige Leben. Er kommt nicht mehr ins Gericht, er ist bereits aus dem Tode in das Leben übergegangen.

Ein ungemein bewegendes Wort, das mir immer wieder den Atem verschlägt. Ich habe es vielen verzweifelten Patienten schon gesagt, und es hat jeden getroffen. Wer also Jesu Wort hört oder liest und dann Gott glaubt, der Jesus gesandt hat, der kommt nicht mehr ins Gericht, das wir wegen unseres gottwidrigen Egoismus und unserer Lieblosigkeit eigentlich alle verdienen. Damit sind die Schuldfrage und die Todesfrage gelöst. Er ist bereits in das wirkliche Leben im Licht übergegangen. Er wird dem Tode nie begegnen, ja der Tod als Person flieht vor ihm.

Entweder ist dieses Wort wahr, dann ist es die herrlichste aller Frohbotschaften, oder es ist frommes Gerede, dann müssten wir vom irreführendsten Betrug aller Zeiten sprechen, für den sich Millionen Menschen völlig verblendet töten ließen.

<u>Johannes 8,51</u>
Wahrlich, wahrlich, ich sage euch: Wenn jemand mein Wort bewahrt, so wird er den Tod nicht sehen ewiglich.

Wer also dem Worte Jesu die Treue hält, es im Herzen als Beweggrund allen Denkens und Handelns bewahrt, der wird den Tod nie sehen, weil der Tod ja nur den Gott- und damit Lebensfernen trifft.

Kann man den Tod überhaupt sehen?
Ja, wenn auch nicht in dieser Lebenszeit. Er ist nach biblischem Zeugnis eine Person, der Fürst der gefallenen Geisteswelt. Außerdem bezeichnet man mit »Tod« einen Zustand in der finsteren Gottferne. Als Person ist er der ehemals höchste Engelfürst, den Gott über das ganze All gesetzt hatte. Als er sich aber gegen den Höchsten erhob und dessen Platz einnehmen wollte, verbannte Gott ihn und machte ihn damit zur Mitte aller Finsternis und Gottferne. (Hesekiel 28,11–19/Jesaja 14,12–15)

Der Tod ist aber nicht nur eine Person, sondern auch ein Zustand im Umfeld dieser Person, ein verschuldetes Schicksal, nämlich das Verbanntsein gottferner Menschen ohne Glauben an Christus ins Totenreich. (Hesekiel 26,20/31,14b/32,18/32,24 u. a.)

Johannes 11,25
Wer an mich glaubt, der wird leben, auch wenn er gestorben ist.

Diese Worte Jesu eröffnen uns eine neue Erkenntnis: Sterben ist etwas anderes als der Tod. Dann kann man leben, obwohl man gestorben ist. Dann müsste die Frage: »Gibt es ein Leben nach dem Tod?« eigentlich lauten: »Gibt es ein Leben nach dem Sterben?« Jesus spricht eindeutig vom Sterben sowohl des ungläubigen Menschen als auch des an ihn Glaubenden. Der fundamentale Unterschied ist nur, was danach kommt – nach dem Sterben des Leibes: das eigentliche Leben im Licht oder der Tod in gottferner Finsternis.

Johannes 14,6

Jesus spricht: Ich bin der Weg und die Wahrheit und das Leben. Niemand kommt zum Vater als nur durch mich.

Haben Sie es zur Kenntnis genommen? Die Worte »Weg« und »Wahrheit« und »Leben« sind keine sachlichen Begriffe. Sie sind eine Person, eine Gottesperson, nämlich der Christus Gottes. Das verändert unser ganzes Denken. Wir Menschen objektivieren, versachlichen alles. Wir stellen solche Begriffe vor uns hin und betrachten sie distanziert. Wir halten uns selbst bedeckt und bleiben gerne jeder für sich der unberührte Mittelpunkt unserer eigenen Weltanschauung.

Genau damit befinden wir uns aber im Irrtum! Das ist die Unwahrheit. Die Wahrheit ist eine Person und als solche der Mittelpunkt, Schöpfer und Vollender allen Lebens, Jesus Christus. Wer an dieser Wahrheit vorbeigeht, ist ein armer, wirklichkeitsfremder Tor. Zu allem ist Jesus Christus auch noch der Weg, der allein aus aller Sündennacht zum Vater allen Lebens führt.

Warum? Weil Jesus mit seinem Sühnetod unser aller Sünden juristisch gesühnt hat. Er hat sein Gottesleben für unzählige Menschenleben geopfert und sie damit freigemacht.

> **Römer 4,25**
> **Welcher um unserer Sünden willen dahingegeben und um unserer Rechtfertigung willen auferweckt ist.**

Manche Religion mag ihren imaginären Gott ohne Jesus Christus suchen und den großen Unbekannten sogar hingebungsvoll anbeten. Wir respektieren solche Frömmigkeit, aber hier fehlt die Rechtsgrundlage für wirkliche Vergebung, sodass eigene Leistung weiterhin nötig scheint.

Zu Gott als Vater, der sich aus uns Menschen immer mehr Söhne und Töchter geistlich zeugt, kommt kein Mensch ohne Jesus Christus als Weg und als Tür, denn aus ihm alleine kommen alle geistlichen Impulse, mit denen Gott uns zu seinen Kindern macht. Diese Impulse sind geistliche Lebenskeime Gottes, die in Christus durch seinen Kreuzestod gegangen sind und so den Tod hinter sich haben. Die durch diese Lebenskeime in himmlisches Leben Gezeugten haben darum ebenfalls den Tod hinter sich. Welches Wunder! Und doch wie einleuchtend für jeden denkenden Menschen!

So bist Du als Kind Gottes ein Familienangehöriger Gottes, bist Glied an einem allumfassenden Geistleib des Christus, aber niemals ohne Jesus. Gib Dich ihm hin und gib Dein altes, verirrtes Wesen auf, es führt Dich nur in den Tod.

Aus diesen vier und vielen anderen Worten Jesu und der Apostel können wir abschließend zusammenfassen:

A. Biblisch ist das Sterben ein Durchgangsstadium, welches ausschließlich und eindeutig das biologische Ableben des irdischen Leibes bedeutet, keineswegs aber das Auslöschen von Seele und Geist.

B. Der Tod hingegen ist ein düsterer Zustand nach dem Sterben, der keineswegs für alle Menschen eintritt. In diesen Zustand der Gottferne und damit der Finsternis und der Nähe satanischer Mächte gelangt nach Je-

> su Worten derjenige sicherlich nie, der Jesu Worte bewahrt und an ihn glaubt, denn ein solcher wird den Tod nicht sehen ewiglich. Er wird leben in einer neuen Geistleiblichkeit, auch wenn sein irdischer Leib gestorben ist.

Sterben ist für Christen **der Höhepunkt des Lebens.** Deshalb sollten wir viel mehr darüber nachdenken, lesen und uns Predigten über dieses Thema von unseren Pfarrern und Pastoren erbitten.

Fritz Rienecker sagt in seinem bekannten Buch »Das Schönste kommt noch!«:

> »Gerade aus dem Anschauen der lebensvollen Wirklichkeiten himmlischer Dinge, wie das Wort Gottes sie darstellt, erwächst jener himmlische Sinn, jenes Trachten nach dem, was droben ist, das alleine die Basis frohen Diesseitslebens – auch in aller Bedrängnis und allen Leiden dieser Welt – sein kann. Die Hoffnung der Zukunft ist die Kraft der Gegenwart.«

Notizen

3. Weitere Bibelstellen und die Konsequenz daraus für mich und vielleicht auch für meine Leser

Lassen Sie mich noch einige wichtige Stellen aus dem Wort Gottes erwähnen, die Klarheit über das Phänomen von Sterben und Tod geben.

a) zum Thema Sterben

> Philipper 1,21+23
> **Denn das Leben ist für mich Christus und das Sterben Gewinn. ... Darum hätte ich Lust abzuscheiden und bei Christo zu sein, denn es ist weit besser.**

So kurios das klingt: Das Sterben aus dem diesseitigen Leben hinaus ist also das leuchtende Ziel meines Lebens. Warum? Weil Sterben für mich ein unvorstellbarer Gewinn ist und weil dieses irdische Leben mit allen Lasten und Schmerzen nur ein dem wirklichen

Ziel Entgegenreifen, Entgegensterben bedeutet. Dieses Ziel ist die Übernahme göttlichen Lebens und die Leibesgliedschaft an Christi Geistleib, der durch Jesu Kreuzestod den Tod hinter sich hat.

Römer 14,8
Sterben wir, so sterben wir dem Herrn.

1. Korinther 15,31
Ich sterbe täglich.

Sterben ist außerdem das Ablegen von etwas, das vor Gott nichts taugt wie etwa mein stolzes Ich–Denken, mein dauerndes Geltungsbedürfnis, mein Gewinnstreben und schließlich das Ablegen meines verweslichen Leibes. Sterben ist also immer etwas Positives.

b) zum Thema Tod

Der Tod hingegen, das sollten wir nie vergessen, ist ein lang dauernder Zustand nach dem Sterben, ein Aufenthalt in der Gottferne, in den der an Jesus Christus Glaubende nie kommen wird oder kommen kann.

Johannes 12,24
Wahrlich, wahrlich, ich sage euch: Wenn das Weizenkorn nicht in die Erde fällt und stirbt, bleibt es allein, wenn es aber stirbt, bringt es viel Frucht.

Haben Sie schon die Logik dieser Aussage Jesu registriert, dass nämlich der allein bleibt, der nicht im biblischen Sinn stirbt? Demnach bleibt man in diesem Leben letztlich immer allein, auch in der schönsten Ehe und tiefsten Freundschaft. Wahre Gemeinschaft und damit eine unvergängliche Frucht gibt es nur nach dem Sterben des irdischen Leibes bei Jesus Christus.

Philipper 1,23
Ich hätte Lust, abzuscheiden und bei Christo zu sein, denn es ist weit besser.

Wenn wir diesen Satz von Herzen nachsprechen können, dann haben wir das Ziel dieses irdischen Pseudolebens erreicht. Wir haben im lebendigen Glauben an Jesus Christus neues, unvergängliches Leben wie eine Neuzeugung, wie eine Schwangerschaft mit einem zweiten eigenen Leben empfangen. Der geistliche Same, mit dem dieses neue Leben gezeugt wurde, war – so hörten wir – vorher in Christus (1. Petrus 1,23/1. Johannes 3,9/Lukas 8,11/1. Korinther 4,14+15) und ist in ihm durch den Kreuzestod und die Auferstehung gegangen.

Wir an Jesus Christus Glaubenden haben also alle den Tod hinter uns, die größte Freude stets vor uns und können darum ständig und immer zuversichtlich in Familie und Beruf unseren Mann oder die Frau stehen in diesem vergänglichen Leben, sei es noch so belastend und leidvoll. So ernst nimmt Gott unseren Glauben.

Römer 6,23
Der Lohn der Sünde ist der Tod.

Wir alle haben nach unserem eigenen alten Menschen den Tod und die Gottferne verdient, denn wir haben nur uns selbst gelebt, bis wir Jesus aus seinem Wort als die Realität aller Zeiten erkannten. Durch den Glauben an ihn empfangen wir neues, göttliches Leben in einem geistlichen Zeugungsakt, den die Bibel die Wiedergeburt unseres neuen Menschen nennt.

Wiedergeburt und Neuzeugung ist das gleiche griechische Wort im biblischen Grundtext. Ich halte den Begriff Neuzeugung (durch Gottes Geist) für die treffendere Übersetzung. Vor jeder Geburt geschieht nämlich ein Zeugungsakt.

Die Frage dieses Buchtitels **»Sterben – deine Geburt ins Licht?«** kann von jedem Menschen bejaht werden, der zum lebendigen Glauben an Jesus Christus gefunden hat. Für ihn ist das irdische Lebensende seines Leibes tatsächlich eine sofortige Geburt ins Licht ohne Tod. So bezeugt es Gottes Wort.

> **Hebräer 2,14+15**
> **Weil nun die Kinder Blutes und Fleisches teilhaftig sind, hat auch Jesus Christus in gleicher Weise an denselben teilgenommen, auf dass er durch seinen Tod den zunichte machte, der die Macht des Todes hat, das ist den Diabolos** (Durcheinanderwerfer) **und alle die befreite, welche durch Todes-**

furcht das ganze Leben hindurch der Knechtschaft unterworfen waren.

Haben Sie das richtig vernommen? Jesus hat in menschlicher Gestalt unter Zurücklassung seiner göttlichen Leiblichkeit den Tod in seiner irdischen Leiblichkeit erlitten, ist in das Totenreich eingegangen und hat dort den Fürst des Todes ein für alle Mal besiegt. Er ist auferstanden aus dem Tode und wir alle, die wir als Lebenskeime, die Bibel spricht auch von Samen (1. Petrus 1,23), in ihm waren, sind mit ihm gestorben und mit ihm auferstanden.

Auch wir haben als neugezeugte Gotteskinder den Tod hinter uns und die Auferstehung in Christus bereits erlebt. Beim Ablegen unseres irdischen Leibes und damit erneutem Eingehen in seinen himmlischen Leib werden wir die Auferstehung nur nacherleben. Das klingt kurios, ist aber exakt biblisch belegt.

Römer 6,9
Wir wissen, dass Jesus Christus, aus den Toten auferstanden, nicht mehr

stirbt. Der Tod herrscht nicht mehr über ihn.

Und da wir in ihm und er in uns ist (Römer 8, 1+10) stirbt auch unser neuer innerer Mensch (2. Korinther 4,16) nicht mehr. Der Tod liegt hinter ihm.

c) Kernsätze unseres Glaubens

Jetzt sollen uns noch wenige Worte Jesu, des Gottessohnes, ermuntern, weil sie ausdrücken, wie er uns verändert hat und was uns bei ihm erwartet.

Johannes 3,3
Wahrlich, wahrlich, ich sage dir: Es sei denn, dass jemand von oben neu gezeugt werde, so kann er das Reich Gottes nicht sehen.

Jesus spricht hier zu Nikodemus ganz klar von einer Neuzeugung in unseren alten Menschen hinein. Sie kommt von oben, vom Himmel. Jetzt gibt es in dem vom Glauben an Jesus Christus Erfüllten einen neuen, von Gott gezeugten inneren Menschen.

Noch vorhanden ist allerdings der von seinem menschlichen Vater gezeugte äußere, alte Mensch. Diese alte Natur nimmt bei geistlichem Wachstum immer mehr ab, sie soll sterben, lesen wir, und die neue Natur wächst durch die Nahrung des Wortes Gottes, durch das Gebet und in der Gemeinschaft mit Gleichgläubigen.

Das Alte ist aber noch da, muss dem Neuen dienen und stellt es nach außen vor Engeln und Menschen dar, die ja das Neue, noch Verborgene nicht sehen können, steht doch von Gotteskindern geschrieben in

> **1. Korinther 4,9b**
> **Wir sind der Welt ein Schauspiel geworden, sowohl Engeln als Menschen.**

Hier sind beide völlig verschiedenen Realitäten des göttlichen Universums genannt, die materielle Welt und die Geisteswelt. Die Bewohner der ersteren in materiellen Körpern sind Menschen, während die Geisteswelt nach klarem biblischen Zeugnis von Geisteswesen in Geistleibern bewohnt wird. Sie werden in Gottes Wort an über zweihundert Stellen Engel (Boten) genannt und sind nach folgenden und anderen Bibelstellen unterteilt in Engelwesen, die dem Höchsten gehorsam sind, und in solche, die von ihm abgefallen und Satan gehorsam geworden sind.

Offenbarung 12,7–9+4a
Und es entstand ein Kampf in dem Himmel: Michael und seine Engel kämpften mit dem Drachen. Und der Drache kämpfte und seine Engel, aber sie siegten nicht ob. Auch wurde ihre Stätte nicht mehr in dem Himmel gefunden. Und es wurde geworfen der große Drache, die alte Schlange, welcher Satan genannt wird, der den ganzen Erdkreis verführt, geworfen wurde er auf die Erde, und seine Engel wurden mit ihm hinabgeworfen. Und sein Schwanz zieht den dritten Teil des Himmels mit sich fort und er wirft sie auf die Erde.

Aus Jesu Mund hörten wir, dass den Gotteskindern aus der Menschheit eine besondere Heimat in der Geisteswelt bereitet ist. Der Hebräerbrief ergänzt Wichtiges danach.

Johannes 14,2+3

In dem Hause meines Vaters sind viele Wohnungen. Wenn es nicht so wäre, würde ich euch gesagt haben, dass ich hingehe, um euch eine Stätte zu bereiten. Und wenn ich hingegangen bin und euch eine Stätte bereitet habe, so komme ich wieder und werde euch zu mir nehmen, auf dass auch ihr seid, wo ich bin.

Hebräer 11,13

Diese alle, die im Glauben gestorben sind, bekannten zuvor, dass sie Fremdlinge und ohne Bürgerrecht auf der Erde sind.

Hier wird von einer Wohnstätte des Christus in himmlischen Regionen gesprochen. Er selbst verspricht denen, die von ganzem Herzen an ihn glauben, dass er sie dahin holt, wo er wohnt. Dort ist die Stätte für sie schon bereitet. Jeder Gedanke daran versetzt uns in unvorstellbare Freude.

Johannes 17,24

Vater, ich will, dass die, welche du mir

gegeben hast, immer bei mir seien, wo ich bin, auf dass sie meine Herrlichkeit schauen, die du mir gegeben hast, denn du hast mich geliebt vor Grundlegung der Welt.

Johannes 17,22
Und die Herrlichkeit, die du mir gegeben hast, habe ich ihnen gegeben, auf dass sie eins seien gleichwie wir eins sind.

Nun wird auch noch ausgeführt, was uns in der für uns vorbereiteten Wohnung erwartet: **Herrlichkeit** Gottes.

Psalm 17,15
Ich, ich werde dein Angesicht schauen in Gerechtigkeit, werde gesättigt werden, wenn ich erwache, mit deinem Bilde.

Wir erhalten Augen, die schauen. Sie werden Jesus sehen, an den wir bisher geglaubt haben, ohne ihn zu sehen. Ja, wir dürfen uns satt sehen an seinem Bilde, das heißt, wir sind nahe bei ihm und das für immer. Durch diese Nähe zu Jesus entsteht eine Leibesgemeinschaft mit ihm. Die Schrift sagt, es entsteht der Christus – also sein Gesamtleib – aus allen Gläubigen. An diesem Christus ist jeder von uns ein Glied seines Leibes und er ist das Haupt.

Epheser 5,30
Denn wir sind Glieder seines Leibes.

Philipper 3,21
Er wird unseren Leib der Niedrigkeit umgestalten zur Gleichförmigkeit mit seinem Leibe der Herrlichkeit, nach der wirksamen Kraft, mit der er vermag, auch das All sich zu unterwerfen.

Möge es Ihnen geschenkt sein, lieber Leser, solche Sätze aus Gottes Wort zu fassen, sie zur höchsten Realität Ihres Denkens werden zu lassen. Für mich sind es Kernsätze meines Glaubens und damit meines eigentlichen Lebens. Sätze, die ich immer wieder Patienten in großer Not weitersage.

Prälat Hartenstein hat es einmal so ausgedrückt:

»Wir Christen haben den Tod hinter uns und das Leben vor uns! Das Sterben des Leibes ist der Aufbruch, und der Auszug zum Herrn ist die große Heimkehr. Was könnten wir anderes tun, als den Herrn Christus festhalten, uns unaufhörlich freuen und uns in sein ewiges Leben hineinglauben.«

Tun Sie das? Oder gehören Sie zu jenen aus Hebräer 2,14, welche »durch Todesfurcht das ganze Leben hindurch der Sklaverei unterworfen sind«? Sind Sie ein solcher Sklave der Todesfurcht? Dann legen Sie dieses Buch nicht zur Seite, ohne Jesus willentlich in Ihr Leben aufgenommen und daraufhin den Glauben an ihn geschenkt bekommen zu haben.

Notizen

Was ist nun die Konsequenz aus den vorgenannten Bibelstellen und den dazu angestellten Überlegungen?

Für mich gibt es nur eine Konsequenz. Ich glaube Jesus jedes Wort. Ich will sein Wort bewahren und ausleben. Ich will nur ihm dienen und freue mich von Tag zu Tag mehr, ihm im Augenblick meines Sterbens zu begegnen, weil ich neues Leben aus ihm habe und Glied seines Leibes bin.

Als Arzt will ich jedem Patienten und vor allem jedem Sterbenden sagen, dass er vor dem Höhepunkt des Lebens steht, wenn er an Jesus glaubt und Jesus sein Herr ist.

Darum habe ich schon vor Jahren neben der Bibelkonferenzstätte Langensteinbacherhöhe, in der meine kostenlose Arztpraxis ist, ein Krankenhaus für Chronischkranke mit einer großen Krebsstation initiiert. 365 Sterbende im ersten Jahr haben wir dort begleitet und ihnen außer liebevoller Pflege und guter ärztlicher Betreuung Jesus Christus bezeugt. Viele haben ihn auf dieser letzten Strecke erkannt und in ihr auslaufendes Stückchen Leben aufgenommen. Das reicht jedoch, so lesen wir in der Bibel, um für eine Ewigkeit bei Jesus zu sein.

Ich hatte mir nur Ärzte und Schwestern sowie Pfleger und geistliche Betreuer, die an Jesus Christus glauben, gesucht.

Denken Sie an das Wort:

> **1. Johannes 5,12**
> **Wer den Sohn hat, der hat das Leben, und wer den Sohn nicht hat, der hat das Leben nicht.**

So einfach ist das – und doch so schicksalhaft schwerwiegend.

Der natürliche Mensch lebt, um zu sterben, der geistliche Mensch stirbt, um zu leben. Dazu könnte man ein feines geistliches Sprichwort zitieren:

> »Wer nur einmal gezeugt ist, muss zweimal sterben, wer zweimal gezeugt ist,

> wird leben, wenn er stirbt. Wer nicht stirbt, bevor er stirbt, der verdirbt, wenn er stirbt.«

Auch Sie sehnen sich nach dem Geborgensein, nach dem Frieden. Beides finden Sie nur in Jesu machtvollem Herrschaftsbereich. Er garantiert Ihnen das Leben. Dann liegt der Tod auch hinter Ihnen.

Glauben Sie Jesus, auch wenn Sie ihm bisher nicht geglaubt haben sollten und Ihres himmlischen Lebens und Heiles keineswegs gewiss waren, sondern viel eher in Todesfurcht lebten oder sie verdrängten. Nehmen Sie sein Wort jetzt an. Entscheiden Sie jetzt ganz still in Ihrem Herzen, dass Sie ihm glauben wollen, er sieht in Ihr Herz und nimmt Sie an.

Er zeugt Sie nach Ihrer Hingabe ins göttliche Leben, dann haben auch Sie zwei Leben in sich, das natürliche und das geistliche, wie ich und vielleicht Ihr Pastor und andere Gotteskinder, die Sie kennen. Dann sind wir im geistlichen Sinne Brüder und Schwestern, denn wir haben den gleichen Vater, den Tod hinter uns und das Leben vor uns.

Erinnern Sie sich noch an die kurzsichtigen Äußerungen bekannter Männer auf den ersten Seiten dieses Buches? Wollen Sie sich solcher Blindheit anschließen oder sind Sie durch Jesus Christus und sein Wort zur Gotteserkenntnis gelangt und haben Jesus Christus als die Wahrheit in Person erkannt?

Dann bleiben Sie bei ihm und wachsen Sie durch Glauben und daraus resultierender geistlicher Neuzeugung in ein fröhliches »Wandern zwischen zwei Welten« hinein. Dann wissen Sie, was Vergebungsgewissheit und Heilsgewissheit ist und Ihre Geburt ins Licht wird sein, was andere Sterben nennen.